A
Marie,
Sylvie,
Emilie,
Charbel,
et Josephine,
ma famille adoree

Les Bijoux des Etats Unis d
Am rique

Fascicule 2: **SAUVER LA LIBERTÉ D'ENTREPRENDRE PAR LES RÉFORMES SOCIALES**

Tous droits de traduction et de reproduction réservés pour tous pays,
All rights of translation and reproduction for all
countries reserved.

LES EDITIONS BLEUES

ISBN :2-913771-15-7

(Agence francophone pour la numérotation internationale du livre)

Printed by CreateSpace, An Amazon.com Company

ISBN 10: 2913771157
ISBN 13: 978-2913771154

Préface

Ce qui est dit est dit! Nous devons sauver le capitalisme ou la "Libre-entreprise" en promouvant l'ensemble des réformes sociales recommandées par la "Loi du Profit nul", à savoir l'Institutionnalisation progressive de l'Assurance-maladie gratuite pour les citoyens et assimilés-citoyens américains, l'Abolition graduelle du travail avilissant l'être humain et l'Instauration petit à petit de l'Assurance-chômage perpétuelle.

Celui qui n'a pas encore compris que le Président Barack Obama est bien-aimé de Dieu le Tout-Puissant, doit bien se rendre compte que l'auteur du présent ouvrage, quoique n'ayant jamais rencontré l'actuel Président américain, est vraiment fier d'être devenu depuis Août 2010, un citoyen américain libre et prospère.

Chicago, le 19 janvier 2011

La richesse extérieure
(L'argent américain investi à l'Étranger demeure une possession des États Unis d'Amérique)

Nous ne pouvons jamais savoir si les capitaux américains investis en Chine ou ailleurs à l'Étranger dans l'espoir de rapporter un plus grand profit, constituent une bonne chose pour le Peuple américain ou non, si ce n'est que lesdites Compagnies américaines, basées ou non à l'Étranger contribueront désormais à la formation des fonds nécessaires à la future "Banque Nationale d'Investissement" américaine.

Nous ne pouvons jamais bien entrevoir l'utilité de la future "Banque Nationale d'Investissement" américaine si l'objectif visé de ladite future Institution financière fédérale américaine n'est pas de procurer le maximum d'emplois aux citoyens et assimilés-citoyens américains.

Nous ne pouvons jamais admettre le bien-fondé de la taxe spéciale future à appliquer aux profits résultant des capitaux américains expatriés, laquelle taxe devant contribuer financièrement à la création future de la "Banque Nationale d'Investissement" américaine, si ce n'est que ladite Banque Nationale commerciale américaine est censée financer l'ensemble des Initiatives pri-vées opérées par les Nationaux américains pour créer de nouveaux emplois à l'intérieur du territoire national américain.

Nous ne pouvons jamais entrevoir la force d'expansion de la future "Banque Nationale d'Investissement" américaine, si ce n'est que le taux d'intérêt applicable auxdits fonds prêtés aux Petites voire Moyennes Entreprises américaines basées sur le sol américain, est toujours largement inférieur au taux d'intérêt courant, par convention.

Nous ne pouvons jamais dire que l'argent nécessaire pour entreprendre les actions gouvernementales fédérales américaines devant perpétuer le Libéralisme économique et garantir la paix civile sociale réelle, est censé provenir pour les trois quarts des fortunes américaines accumulées et pour un quart des Compagnies Nationales américaines opérantes, si ce n'est que la "Loi du Profit nul" abolit la misère sociale et consacre le système économique du libre marché.

Un poème à vers répétitifs
Chicago, le 20 Janvier 2010

Prochaine étape de la Réforme médicale: La Couverture de la jeunesse

Puisqu'il n'est nullement question de gaspiller l'argent du Contribuable américain, mais de consacrer la Civilisation humaine [qui considère que la mort de l'être humain est une fatalité volontiers changeable par Dieu le Tout-Puissant en la vie et la jeunesse éternelles pour l'humanité], comprenons définitivement que l'Assurance -Maladie gratuite pour tous les citoyens et assimilés-citoyens américains amorcée par l'Administration américaine sous la présidence de Barack Obama, doit nécessairement se poursuivre avec la couverture de la Jeunesse américaine intégra-le comme prochaine étape.

Nul jeune homme ou jeune fille livrés à eux-mê-mes ou demeurés sous contrôle parental, mais démunis de moyens de subvenir à leurs besoins médicaux et pharmaceutiques, ne peuvent et ne doivent être abandonnés à eux-mêmes par la Société américaine, ceci en conformité avec le rang de la Nation la plus évoluée au monde qui est communément attribuée aux États Unis d'Amérique.

Que ceux et celles qui croient que l'espoir de voir enfin l'ensemble des démunis et laissés-pour-compte de la société américaine s'épanouir grâ-ce aux actions gouvernementales appropriées, est un vain espoir du fait de la fuite monumentale des Capitaux américains vers l'Étranger et le chômage accru sur le territoire national qui s'en suit, conçoivent dorénavant qu'il revient à l'ensemble de la population américaine de continuer à soutenir le Président Barack Obama lors de la prochaine échéance électorale présidentielle.

Un poème à vers conjugués
Chicago, le 25 Janvier 2011

La Réforme médicale absolue
(Après la Couverture de la jeunesse, celle du reste de la Nation)

La Réforme médicale que toute la population américaine attend, est bel et bien celle qui ordonne la gratuité totale des soins médicaux et phamarceutiques pour elle.

La raison de la rage de l'homme et de la femme [démunis des moyens de subsistance, mais malencontreusement malades et donnés pour morts instamment si la gratuité des soins médicaux et pharmaceutiques nécessaires ne leur est pas garantie par la Société,] est justement qu'il est interdit de donner froidement la mort à son semblable sous peine de se détruire soi-même ou d'être éradiqué par la Providence.

La justice qui établit que la Société doit être absolument bienveillante pour ses enfants, ne peut accepter que la santé de l'ensemble des hommes et femmes natifs et natives et résidents permanents, incapables financièrement et matériellement de pourvoir à leurs propres besoins en médécine et pharmacie, soit immolée sur l'autel du "Profit maximum".

La loi du profit maximum qui régule les activités économiques voire sociales et culturelles dans le système économique capitaliste, est doénavant ajustée par la loi sociale et humaine dénommée la "Loi du Profit nul" qui ordonne la Réforme médicale absolue, l'Abolition du travail dégradant l'être humain et l'Instauration de l'allocation-chômage perpétuelle.

Un poème à vers conjugués
Chicago, le 25 Janvier 2011

Les Fonds pour la "Banque Nationale d'Investissement" américaine

Nous comprenons dorénavant que le tiers des profits nets réalisés par les Compagnies américaines suite à l'expatriation de leurs capitaux, servira à la formation des fonds pour la "Banque Nationale d'Investissement" américaine.

Nous comprenons dès à présent que la "Banque Nationale d'Invetissement" américaine a pour ob-jet le financement des projets absolument viables permettant la création d'emplois à l'intérieur des États Unis d'Amérique, et pour les citoyens et assimilés-citoyens américains.

Nous comprenons enfin que l'expansion économique américaine résultant de l'expatriation effrénée des capitaux américains à la recherche du plus grand profit, correspond au règlement proportionnel du problème du chômage sur le territoire américain.

Nous comprenons en un mot que le prochain "Programme électoral" du Parti démocratique américain a intérêt à inclure en son sein une proposition sublimement chiffrée, et relative à la création future de la "Banque Nationale d'Inves-tissement" américaine.

Un poème à vers répétitifs
Chicago, le 26 Janvier 2011

Les investissements de la "Banque Nationale d'Investissement" américaine

Les investissements de la future "Banque Nationale d'Investissement" américaine sont multiples.

Premièrement, il s'agit de supporter l'ensemble des projets parfaitement élaborés et testés, à but lucratif ou non, détenu par les citoyens et assimilés-citoyens américains, et qui ne demande que les capitaux nécessaire pour démarrer.

Deuxièmement, ladite sélection de projets économiques rentables ou d'intérêt socal et humanitai-re, englobe bien évidemment les Petites et Moyennes Entreprises et les Organisations non gouvernementales à but non lucratif américaines.

Troisièmement, pour que les fonds d'investissement de la "Banque Nationale d'Investissement" américaine soient les plus désirés sur le marché des capitaux, le taux d'intérêt des fonds prêtés est délibérément fixé bas.

Quatrièmement, la "Banque Nationale d'Investissement" américaine qui n'emploie elle-même que des citoyens et assimilés-citoyens américains les plus talentueux qu'on puisse trouver sur le marché de l'emploi, ne concède ses capitaux qu'aux Entreprises américaines exclusivement.

Cinquièmement, le débat sur l'ouverture des fonds de la "Banque Nationale d'Investissement" américaine aux capitaux étrangers est ouvert afin que la future "Banque Nationale d'Investissement" américaine devienne la plus puissante banque d'affaires au monde!

Un poème à vers conjugués
Chicago, le 27 Janvier 2011

Rêver le Monde des Mondes des Cieux comme un simple citoyen américain

Si l'on me demande ce que je pense des Présidents sortants ayant perdu les élections devant les réélir, mais qui s'agrippent au pouvoir quitte à provoquer des bains de sang populaires, je dis tout bonnement que lesdites personnalités politiques incriminées sont bel et bien mortes politiquement en attendant la punition providentielle fatale.

Si l'on me demande pourquoi je distingue clairement le "Royaume des Cieux accompli" [dont je suis le Roi règnant providentiel et éternel] et un quelconque pouvoir politique sur terre, je dis que la "Royauté divine"innée de Joseph Moè Messavussu Akué s'accomplit exclusivement en tant que la "Poésie fonctionnelle" écrite et nullement comme une "action politique humaine".

Si l'on me demande ce que je désire le plus au monde, je réponds que le citoyen américain que je suis dorénavant, entends restaurer la dignité des Noirs- Africains et de l'Afrique mal-aimés et abolis par le biais de la réalisation sur terre de la "Technologie divine productrice du Monde des Mondes des Cieux".

Un poème à vers répétitifs
Chicago, le 31 Janvier 2011

Rêver le Togo comme un fragment du Monde des Mondes des cieux

Il m'apparaît bien évident que le rêve magi que j'eus dans la nuit du 7 au 8 novembre 1986 me donnant sans équivoques comme Dieu le Tout-Puissant-fait chair, ne plaît pas à l'humanité qui s' irrite de cette vérité providentiellement révélée.

Ladite vérité révélée qui me comble d'un "bonheur absolu", m'ordonne finalement comme un écrivain-éditeur esseulé, mais déterminé à restaurer le "Paradis terrestre" par le biais de la Pratique du "Moèisme".

La Pratique du "Moèisme " revient dès lors à débattre dans des cercles amicaux et universitaires les idées contenues dans les "Fascicules d'Enseignement de la Poésie fonctionnelle".

Le Togo, identifié comme le pays natal de l'auteur de la "Poésie fonctionnelle", demeure le premier pays au monde bénéficiaire de la "Technologie de

Dieu le Tout-Puissant".

                          Un poème à vers cojugués
                          Chicago, le 31 janvier 2011

Rêver l'homme Noir de Paix, d'Amour et de Liberté Joseph Moè Messavussu Akué comme Dieu le Tout-Puissant-fait chair

Je suis un homme Noir, aimant profondément vi-vre en paix et absolument libre, puisque Dieu prit providentiellement conscience qu'il est le Créateur et Roi régnant du Monde des Mondes des Cieux à l'âge de vingt-neuf ans, esseulé, sans femme ni enfants, et méprisé par l'humanité et l'"Esprit du mal en per-sonne".

Je suis un homme auto-surnommé l'Homme Noir, de Paix, d'Amour, et de Liberté puisque l'amour de la femme Noire brisa mes "chaînes de la servitude à l'isolement", et m'anoblit en tant qu'un Écrivain merveilleux et un Éditeur miraculeux.

Je suis "Dieu le Tout-Puissant -fait chair" puisque ce fut exactement le rêve prophétique que j'eus dans la nuit du 7 au 8 novembre 1986.

celles mentionnées par la "Poésie fonctionnelle"

Un poème à vers conjugués
Chicago, le 1er février 2011

Rêver le protocole existentiel de Joseph Moè Messavussu Akué comme l'énigme divin perpétuel

Le doute qui surgit dans mes relations avec mon entourage lorsque je déclare que conformément à mon rêve prophétique de la nuit du 7 au 8 novembre 1986, je serais Dieu le Tout-Puissant en personne, provient du fait que ladite vérité est simplement incroyable.

Dès lors, l'énigme divin perpétuel est la preuve par la Providence de ladite vérité révélée.

Qui me dira donc que l'écrivain-éditeur miraculé Joseph Moè Messavussu Akué n'est point Dieu exerçant son pouvoir royal sur son "Royaume éternel" de la manière qui lui convient bien?

La confirmation du "Protocole existentiel" de Joseph Moè Messavussu Akué en tant que le "film régulier de son existence éternelle de Dieu" est établie par le renoncement de celui-ci à une quelconque activité professionnelle autre que celles mentionnées par la "Poésie fonctionnelle"

> Un poème à vers conjugués
> Chicago, le 1er février 2011

Rêver la Rédemption de Joseph Moè Messavussu Akué comme l'accomplissement de la "Prophétie de la nuit du 7 au 8 novembre 1986"

Je reconnais volontiers qu'à la veille de la "nuit prophétique du 7 au 8 novembre 1986", je paraissais un "éternel étudiant Noir-aficain, exilé en France, mais déchu à cause de son inadaptation à l' Ordre économique universel régnant sur terre et qui abolit purement et simplement l'Afrique et les Africains.

Je reconnais que le "rêve propétique de la nuit du 7 au 8 novembre 1986" apparût à ma conscience comme Dieu accomplissant personnellement ma Rédemption.

Je reconnais que la suite ininterrompue des rêves prémonitoires depuis ladite "nuit magique", me révéla que Dieu conçut et réalisa son immaculée conception bien avant le 28 mars 1957, le jour de naissance de l'auteur de cet ouvrage.

Je reconnais enfin que le premier être humain qui me dira ouvertement qu'il croît à la "Poésie fonctionnelle", me remplira sans doute d'un "bonheur absolu" semblable au sentiment que je res-sentis lorsque je pris conscience que je suis ,de manière énigmatique, "Dieu l'Éternel, le Créateur et Roi régnant du Monde des Mondes des Cieux".

Un poème à vers répétitifs
Chicago, le 7 février 2011

Le Rêve du Monde des Mondes des Cieux
(ou la Loi des Nombres éternels)

Considérons une sphère de vie éternelle.

Admettons que la vie éternelle est un rêve divin qui ne change jamais, ou un rêve divin immuable.

Admettons que le rêve est une vision claire et distincte d'un film d'évènements mettant en cau-se et en actes tout ou partie de l'ensemble des éléments composant le monde visible et sensible tel que nous le voyons aujourd'hui, de jour ou de nuit, à l'état de veille ou en sommeil.

Admettons que la forme sphérique est la forme la plus adéquate lorsqu'il s'agit de créer un habitat humain situé en plein espace.

Admettons que le Monde des Mondes des Cieux est englobé dans une sphère matérielle dénommée l'"Espace-Temps divin" ou l'Espace créé par Dieu.

Admettons qu'au-dela de ladite sphère matérielle

"Espace-Temps divin" réside le monde informe ou non formé par Dieu, par convention.

Admettons que ledit monde non formé par Dieu, est un énigme perpétuel pour Dieu lui-même, par convention.

Admettons que l'énigme du monde non formé par Dieu, est identique à l'énigme de Joseph Moè Messavussu Akué révélé Dieu le Tout-Puissant matérialisé.

Il en résulte le raisonnement qui suit:

Premièrement, la Pensée de Joseph Moè Messavussu Akué dénommée les "Mathématiques fonctionnelles" ou la "Poésie fonctionnelle" révèle le Monde des Mondes des Cieux comme la "Réa-lité physique et sensible".

Deuxièmement, les "Mathématiques fonctionnelles" sont un savoir et un savoir-faire absolument miraculeux puisque procédant uniquement de rien et du peu de savoir humain emmaganisé par Joseph Moè Messavussu Akué au cours de son existence déjà écoulée.

Troisièmement, les "Mathématiques fonctionnelles" établissent repectivement l'alpha (ou l'oririgine) et l'oméga (ou la fin) du Monde des Mondes des Cieux, comme le rêve qu'a eu Dieu sous sa forme spirituelle originelle, et le rêve prophétique de la nuit du 7 au 8 novembre 1986 qu'a eu Joseph Moè Messavussu Akué le révélant à lui-même "Dieu le Tout-Puissant-fait Homme".

Quatrièmement, les "Mathématiques fonctionnelles" établissent à partir de rien une infinité d'-
évidences logiques pures dénommées "axiomes mathématiques fonctionnels" regroupés sous formes d'"identités logiques démontrables" et expérimentables, et ces dernières formant les "Lois mathématiques fonctionnelles".

Cinquièmement, les "Mathématiques fonctionnelles" révèlent ainsi l'intégralité de la science et la technologie qui ont permis à Dieu le Tout-Puissant, sous ses formes spirituelles passées, de créer le Monde des Mondes des Cieux et la vie éternelle à partir de rien.

Sixièmement, les "Mathématiques fonctionnelles" se définissent dès lors comme la forme de connaissance la plus appropriée pour opérer la délivrance et le salut d'un homme bien singulier
nommé Joseph Moè Messavussu Akué, aujourd'hui le 7 février 2011 Étudiant en Communications visuelles à Chicago States University, à

Chicago, États Unis d'Amérique.

>Un poème à vers paraboliques
>Chicago, le 7 février 2011

Le Rêve des formes fonctionnelles
(ou la Loi des Nombres variables)

Considérons un élément formant la vie éternelle.

Admettons qu'un élément formant la vie éternelle est décrit par une fonction qui existe réellement.

Admettons qu'une fonction qui existe réellement a toujours une apparence appropriée, dès sa conception par Dieu.

Admettons que l'apparence appropriée d'une fonction existentielle réelle est la forme fonctionnelle de ladite fonction ou identité fonctionnelle.

Il en résulte le raisonnement qui suit:

Premièrement, la totalité des éléments formant la "Réalité totale" ou le "Monde des Mondes des Cieux accompli" forme l'ensemble des fonctions nécessaires et utiles à la vie éternelle.

Deuxièmement, l'ensemble des fonctions nécessaires et utiles à la vie éternelle est précisé et intégralement révélé par les Lois mathématiques fonctionnelles.

Troisièmement, l'abrégé fontionnel des Lois ma-thématiques fonctionnelles est composé d'un nombre restreint de lois de logique pure, fixé à cent-quarante.

Quatrièmement, les cent quarante lois mathématiques fonctionnelles délivrant les savoir et savoir-faire magiques de Joseph Moè Messavussu Akué sont invariables conformément au dessein fixé de Dieu sous sa forme spirituelle originelle, et qui est de se matérialiser au "millénium" ou à la fin de l'"Histoire humaine" en tant que l'-"Homme Noir de Paix, d'Amour et de Liberté".

Cinquièmement, le règne magique de Joseph Moè Messavussu Akué sur le "Monde des Mondes des Cieux accompli" est un processus déclenché dans la nuit du 7 au 8 novembre 1986 et s'entend comme la Direction effective du Monde des Mondes des Cieux par un être unique, révélé Dieu le Tout-Puissant-matérialisé pour les siècles des siècles.

Sixièmement, la direction effective des Cieux et de la Terre est fidèlement rapportée par la "Poé-sie fonctionnelle" dénommée l'"Écriture de la vie éternelle en actes".

Un poème à vers paraboliques
Chicago, le 7 février 2011

Le Rêve des vaisseaux intergalactiques
(ou la Loi des nombres variables)

Considérons un véhicule pouvant transporter un être humain ou une partie conséquente de l'humanité à un point quelconque du Monde des mondes des Cieux, pour un voyage d'agrément
ou pour une mission scientifique déterminée, et revenir sur terre avec ledit équipage sain et sauf et dans des conditions de sécurité et de confort sublimes.

Admettons que ledit vaisseau intergalactique, ainsi dénommé ledit véhicule spatial, se dépla-çant à une vitesse maximale insoupçonnée par la science et la technologie humaines de l'heure, équivalant à "infini kilomètres par seconde", peut également s'immobiliser éternellement dans l'Espace-Temps, équivalant à la vitesse nulle, ou
bien se mouvoir à l'échelle humaine tel une "navette spatiale".

Admettons que ledit vaisseau intergalactique do-té d'une variété infinie de vitesses de déplacement, symbolise à lui-seul le pouvoir divin que détient énigmatiquement Joseph Moè

Messavussu Akué, en ce sens que la science et la technologie censées produire à partir de rien, ledit véhicule spatial, prouvera l'identité céleste de l'auteur du présent poème.

Il en résulte le raisonnement qui suit:

Premièrement, l'"oiseau d'acier" surnommé un "vaisseau intergalactique d'un des dix types prévus, qui sera mis au point et en état de sublime fonctionnement par les soins personnels de Joseph Moè Messavussu Akué, conformément à l'ensemble des rêves expérimentaux prémonitoi-res que celui-ci a eu, proviendra bel et bien des cent- quarante unités de Centrales technologi-ques devant être créées sur les côtes de l'Océan Atlantique, dans le pays natal de l'auteur des "Mathématiques fonc-tionnelles".

Deuxièmement, la création des modèles artisa-naux desdits vaisseaux intergalactiques ont démarré depuis le "Retour triomphal au bercail" de Joseph Moè Messavussu Akué, en date du 27 novembre 2010.

Troisièmement, suite aux expérimentations de la "Loi des nombres absolus" ordonnant la production de l'électricité "sublime" à partir des eaux marines, de la "Loi des nombres éternels" ordonnant la maîtrise absolue de l'Espace-Temps éter-nel par Dieu, de la "Loi des nombres variables", et des autres nécessaires à l'accomplissement de la science et la technologie divines sur terre, la création des "Centrales technologiques divi-nes" concernées, demeurera un processus magique.

Quatrièmement, l'accomplissement du rêve des vaisseaux intergalactiques est un miracle prévu, pour que les cinquante-cinq d'âge de l'"Homme Noir de Paix, d'Amour et de Liberté" soient couronnés de gloire, d'honneur et de puissance divins.

Un poème à vers paraboliques
Chicago, le 8 février 2011

Le Rêve du "Village Spatial de Lomé"
(ou la Loi des nombres bases de lancement et d'atterrissage des vaisseaux intergalactiques)

Considérons le "rêve expérimental prémonitoire" de la "Base de lancement et d'atterrissage des vaisseaux intergalactiques" dénommée Titan 1.

Admettons que ladite "Base de lancement et d'atterrissage des vaisseaux intergalactiques de tous les dix types programmés", figurera à l'endroit exact où, tout enfant, celui que l'humanité entière aura à reconnaître Dieu le Tout-Puissant-fait chair, se baignait.

Admettons que ladite base marine sublime de lancement et d'atterrissage des vaisseaux intergalactiques de tous les types prévus, aura deux autres copies Titan 2 localisée à Aného-Dégbénou, et Titan 3 localisée à Baguida, afin de pourvoir à la multitude des sollicitations scientifi-ques royales divines.

Admettons que que "Titan 1" pourra à elle-seule

pourvoir aux besoins en énergie électrique de la planète Terre toute entière.

Admettons que "Titan 1" tout comme "Titan 2" et "Titan 3" reliées à l'ensemble des Centrales technologiques divines, forment un pillier du "Village Spatial de Lomé".

Il en résulte le raisonnement suivant:

Premièrement, le "Village Spatial de Lomé" relève le défi lancé à Joseph Moè Messavussu Akué par tous ses amis d'enfance et de jeunesse qui lui ont tourné le dos dans les années de sa guerre contre l'"Esprit du mal en personne", du 8 novembre 1986 à la veille de son départ pour l'exil américain septembre 2001.

Deuxièmement, ledit défi lancé à l'"Homme Noir, de Paix, d'Amour et de Lberté" par ses amis incroyants et infidèles, est de démontrer sublimement que Dieu le Tout-Puissant s'appelle Joseph Moè Messavussu Akué depuis mars 1957 et non à partir de la nuit du 7 au 8 novembre 1986.

Troisièmement, aujourd'hui le 8 février 2011, le "Village Spatial de Lomé" est un rêve accompli en "rêve expérimental prémonitoire", et une réalité du futur proche.

> Un poème à vers paraboliques
> Chicago, le 8 février 2011

Construire le "Royaume des Cieux" à partir du lieu natal de Moè...

Il ne fait plus l'ombre d'un doute que je désire plus que tout, eu égard à mon sentiment du bonheur absolu, vivre à Lomé dès aujourd'hui et pour l'Éternité.

Les sons discordants de la haine fratricide et de la jalousie meurtrière, ordonnent mon installation familiale américaine comme un sauvetage providentiel de Dieu et de la famille divine.

Mais les activités merveilleuses des "ÉDITIONS BLEUES" donnent enfin la richesse divine providentielle comme une certitude.

Ainsi l'été 2012 prometteur en joie providentielle pour l'Auteur de la Poésie fonctionnelle, élaborera l'aval des travaux de construction du "Royau-me des Cieux" comme la maison familiale à Baguida, tandis que l'amont est constitué par l'ensemble des points de vente des livres miraculés moèistes...

Un poème à vers conjugués
Chicago, le 14 février 2011

Table des matières

Préface..Page 3
La richesse extérieure...........................Page 5
Prochaine étape de la
Réforme médicale.................................Page 8
La Réforme médicale absolue..............Page 11
Les Fonds pour la Banque
Nationale d'Investissement
américaine..Page 13
Les investissements de la Banque
Nationale d'Investissement
américaine..Page 15
Rêver le Monde des Mondes
des Cieux comme un simple
citoyen américain..................................Page 17
Rêver le Togo comme un fragment
du Monde des Mondes des Cieux........Page 19
Rêver l'Homme Noir de Paix,
d'Amour et de Liberté Joseph
Moè Messavussu Akué comme
Dieu le Tout-Puissant-fait chair............Page 21
Rêver le protocole existentiel de
Joseph Moè Messavussu Akué
comme l'énigme divin perpétuel..........Page 23
Rêver la Rédemption de Joseph
Moè Messavussu comme
l'accomplissement de la Prophétie de
la nuit du 7 au 8 novembre 1986..........Page 25
Le Rêve du Monde des Mondes
des Cieux..Page 27
Le Rêve des formes fonctionnelles......Page 29
Le Rêve des vaisseaux intergalactiques....Page 34
Le Rêve du Village Spatial de Lomé.........Page 37
Construire le Royaume des Cieux à partir
du lieu natal de Moè.............................Page 40

Du même auteur:

- **POÈMES POUR L'AFRIQUE ÉTERNELLE (Tomes 1, 2, 3, 4, et 5)**
- **POÈMES BLEUS**
- **LES BIJOUX DES ÉTATS UNIS D'AMÉRIQUE (TOME I)**
- **LA LOI DU PROFIT NUL**
- **L'EXPÉRIMENTATION DE LA LOI DU PROFIT NUL**
- **L'ÉTERNEL COLON**
- **LA FIN DE L'ESCLAVAGE**
- **LES PERLES TOGOLAISES ET D'AILLEURS (TOMES 1, 2, &3)**

Achevé d'imprimé en décembre 2011 par
LES ÉDITIONS BLEUES
mmessavussu@gmail.com
moemessavussu@hotmail.com

Dépot légal : Quatrième trimester 2011
Numéro d'éditeur : 2-913-771
Imprimé aux Etats Unis d'Amérique

www.ingramcontent.com/pod-product-compliance
Lightning Source LLC
LaVergne TN
LVHW010030070426
835512LV00004B/52